Sabine Uhl-Fischer

Schön verpackt
Ideen für alle Anlässe

ENGLISCH VERLAG

Die Deutsche Bibliothek - CIP-Einheitsaufnahme
Schön verpackt: Ideen für alle Anlässe / Sabine Uhl-Fischer. – Wiesbaden: Englisch, 2001
ISBN 3-8241-1106-3

ISBN 3-8241-1106-3

Fotos: Frank Schuppelius
Printed in Spain

Inhaltsverzeichnis

Vorwort

Schenken ist eine Kunst und dementsprechend schwierig scheint es zu sein. Anhand dieses Buches merken Sie jedoch schnell, dass es in Wirklichkeit ganz einfach ist, jedem Geschenk eine persönliche und liebevolle Note zu verleihen – allein durch die Verpackung.

Auf dem Markt gibt es eine große Anzahl von hübsch gestalteten Geschenkpapieren. Trotzdem ist das eher die gewöhnliche Art der Verpackung – und eine recht kurzlebige dazu.

Die Kartonagen und Tüten, die in diesem Buch vorgestellt werden, sind vielseitig einsetzbar. Haben sie ihre ursprüngliche Aufgabe als Geschenkverpackung erfüllt, können sie noch als Aufbewahrungsort für kleinen Krimskrams oder als Deko-Objekt dienen. Damit sind sie allein für sich genommen schon ein Geschenk.

Zu den meisten Motiven werden vielfältige Einsatzmöglichkeiten gezeigt, die im Grunde für alle Vorlagen gelten – von der Klappkarte bis zur Kartonage. Ihrer Fantasie sind keine Grenzen gesetzt.

Die in diesem Buch vorgestellten Verpackungen sind so konzipiert, dass sie schnell und ohne viel Aufwand umgesetzt werden können. Trotzdem – wenn Sie Lust und Zeit haben – können Sie auch ruhig schon einmal auf Vorrat produzieren, denn der nächste Anlass für ein Geschenk kommt bestimmt!

Viel Freude beim Basteln und Schenken!

Sabine Uhl-Fischer

Material und Hilfsmittel

Um die beschriebenen Verpackungen anfertigen zu können, benötigen Sie folgende Materialien und Hilfsmittel:

- Fotokarton in verschiedenen Farben
- Architektenpapier (Transparentpapier)
- Klebstoff
- Papierschere
- Nagelschere
- Cutter
- Bleistift
- Lineal
- Arbeitsunterlage

Zusätzlich können Sie sich diese Materialien und Hilfsmittel bereitlegen:

- Seidenpapier in verschiedenen Farben
- Schleifenband
- Anhänger u. ä.
- Tortenspitze
- Federn
- Pompons
- Satinrosen
- Draht
- Bürolocher
- Lochverstärker
- Beutelklammern

Grundanleitung

Grundsätzlich sind die Kartonagen und Tüten so konzipiert, dass sie aus einem Bogen Fotokarton in der Standardgröße 50 x 70 cm angefertigt werden können.
Wollen Sie eine Verpackung in vergrößerter Form herstellen, benötigen Sie natürlich einen entsprechend größeren Bogen. Fragen Sie in Fachgeschäften für Künstlerbedarf danach. Allerdings sollten Sie darauf achten, dass die Stabilität der Verpackung gewährleistet ist. Möglicherweise müssen Sie stärkere Pappe verwenden.
Die Grundrisse der Kartonagen und Motive werden mit Hilfe von Architektenpapier vom Vorlagebogen auf den Fotokarton übertragen. Gestrichelte Linien bedeuten Falzkanten, die mit dem Cutter nachgezogen und geknickt werden, durchgezogene Linien sind Schnittkanten.
Beachten Sie, dass nicht unbedingt jede Falzkante am Rand zwangsläufig ein Klebefalz ist. Geklebt werden nur die entsprechend gekennzeichneten Flächen.
Verwenden Sie den Klebstoff sparsam, damit er am Rand nicht übertritt.

Die Grundrisse der Verpackungen werden am besten mit einer Papierschere ausgeschnitten, die filigranen Motive und die Quereinschnitte an den Klebefalzen, die rund gebogen werden, mit einer Nagelscheren.
Löcher zum Durchziehen von Kordeln und Bändern erhalten Sie mit einem Bürolocher oder durch kreuzweises Einschlitzen des Fotokartons mit der Nagelschere. Dienen die Bänder als Tragegriff, sollten Sie die Löcher beidseitig mit Lochverstärkern stabilisieren.

Tipp

Die in diesem Buch aufgeführten Verpackungen dienen als Anregung. Der individuellen Gestaltung sind keine Grenzen gesetzt. Halten Sie also in Bastel- und Kurzwarengeschäften ständig Ausschau nach geeigneten Accessoires. Als Verpackungsmaterial zweckentfremdet haben die unscheinbarsten Gegenstände häufig eine verblüffende Wirkung.

Lustige Verpackungen für Mitbringsel

Runde Henkeltasche

Diese flotte Henkeltasche ist stabil und einfach in der Form, sodass sie sich bei Bedarf auch gut zum Vergrößern eignet.

Material

- 1 Bogen Fotokarton im Schnipselmuster in Flieder, 50 x 70 cm
- Paketschnur, 2 m
- 4 Holzkugeln mit Halblochbohrung, Ø 2,5 cm
- Locher
- Lochverstärker

Anleitung

Die beiden Seitenteile und der Boden werden vom Vorlagebogen einzeln auf den Fotokarton übertragen und ausgeschnitten. Die Seitenteile lochen Sie an den vorgegebenen Stellen. Die Löcher werden mit Lochverstärkern stabilisiert.

Beim Boden ziehen Sie mit dem Cutter die gestrichelten Linien nach, sodass er in 3 Teile mit jeweils 2 Klebefalzkanten unterteilt wird. Die Klebefalzkanten an den Längsseiten schneiden Sie im Abstand von ca. 1 cm ein. Beim Zusammenkleben gehen Sie schrittweise vor. Zunächst wird eine Klebefalzkante mit Klebstoff bestrichen und an ein Seitenteil geklebt. Dabei platzieren Sie den Mittelteil des Bodens parallel zur geraden Unterkante des Seitenteils und ziehen dann der runden Form des Seitenteils entsprechend den Boden beidseitig hoch. Ist der Klebstoff etwas angetrocknet, gehen Sie mit dem zweiten Seitenteil ebenso vor.

Die Kordel für die Henkel sind aus einfacher Paketschnur selbst gedreht. Teilen Sie dafür die Schnur in zwei Teile. Nehmen Sie jeweils ein Ende in eine Hand, und drehen Sie in entgegengesetzten Richtungen. Hat die Schnur genug Spannung, legen Sie sie mittig um einen Stift oder ein ähnliches Hilfsmittel und lassen die Enden los, sodass sich die Schnurhälften umeinander drehen. Ziehen Sie nun die so entstandene Kordel von innen nach außen durch die Löcher in den Seitenteilen. Zuletzt werden die Enden mit etwas Klebstoff in den Halblochbohrungen der Holzkugeln fixiert.

CD-Verpackung

CDs sind ein Renner unter den Geschenkartikeln. Darum gibt es hier eine Verpackung, die in ihren Abmessungen genau passend für eine CD entworfen ist. Ihr Outfit ist genauso „natürlich“ wie das der Henkeltasche.

Material

- 1 Bogen Fotokarton im Schnipselmuster in Flieder, 50 x 70 cm
- Paketschnur, 1,5 m
- 2 Holzkugeln mit Halblochbohrung, Ø 2,5 cm
- Locher

Anleitung

Übertragen Sie mit Hilfe des Architektenpapiers zunächst den Grundriss der CD-Verpackung auf den Fotokarton und schneiden ihn aus. Markieren Sie auch die Punkte für die Löcher. Dann ziehen Sie alle gestrichelten Linien mit dem Cutter nach. Mit der Nagelschere schneiden Sie die Stellen, durch die später die Verschlusskordel gezogen wird, kreuzweise ein. Schließlich fertigen Sie mit dem Locher an den Außenkanten die Lochleisten. Der Abstand der Löcher ist so berechnet, dass Sie immer zwei gleichzeitig stanzen können.

Arbeiten Sie hier sehr genau, denn wenn nun die Verpackung gefaltet wird, müssen die Löcher exakt übereinander liegen.
Dann schneiden Sie für jede Seite jeweils ein Stück Paketschnur von ca. 50 cm Länge zurecht, verknoten ein Ende und ziehen es mit dem untersten Loch beginnend im Schlingenstich durch die Lochkanten der gefalteten Verpackung. Am obersten Loch wird das andere Ende der Schnur ebenfalls verknotet. Der überstehende Schnurrest wird knapp über dem Knoten abgeschnitten.
Für den Verschluss der Verpackung verwenden Sie ebenfalls Paketschnur, die von der Innenseite der Verpackung mittig durch die Kreuzschlitze in der Vorderseite der Verpackung sowie durch die Lasche gezogen wird. Die Schnurenden werden durch die Holzperlen gezogen und verknotet.
Die Verpackung wird verschlossen, indem Sie die Paketschnur festziehen und zu einer Schleife binden.

Klappkarte in Buchform

Passend zu der CD-Hülle und zur Henkeltasche gibt es eine originelle Klappkarte in Buchform.

Material

- 1 Bogen Fotokarton im Schnipselmuster in Flieder, 50 x 70 cm
- Paketschnur, 30 cm
- weißes Schreibpapier
- Locher

Anleitung

Übertragen Sie die Skizze vom Vorlagebogen auf den Fotokarton und fahren Sie die gestrichelten Linien mit dem Cutter entlang. Die Karte wird an der mittleren Falzkante geklappt. Zwischen die beiden Seiten wird weißes Schreibpapier in passender Größe und beliebiger Anzahl gelegt, und dann wird alles an den auf dem Fotokarton markierten Stellen gelocht. Nun wird die Paketschnur an einem Ende verknotet und das andere Ende im Schlingenstich durch die Lochreihe gezogen. Verknoten Sie jetzt noch das zweite Ende, schneiden den Rest der Schnur kurz nach dem Knoten ab, und fertig ist die Karte.

Tüten

Diese Tüten sind als Verpackung so vielseitig, dass Sie ruhig ein paar auf Vorrat produzieren können.

Material

- 2 Bogen Fotokarton in Flieder, 50 x 70 cm
- 1 Bogen Fotokarton in Lila, 50 x 70 cm
- Fotokarton in Rot, Grün, Hell- und Dunkelrosa und in Vichykaro Rosé
- Sisalkordel in Rot, Blau und Grün, jeweils 60 cm

Anleitung

Alle drei Tüten sind nach einem Grundmuster gearbeitet. Also übertragen Sie zunächst den Grundriss vom Vorlagebogen jeweils einmal auf den großen Bogen Fotokarton, schneiden den Grundriss aus und fahren die Falzkanten mit dem Cutter nach. Dann falten Sie die Tüten in Form und kleben sie an den markierten Stellen zusammen.

Schließlich werden die Blumenmotive auf die unterschiedlich farbigen Fotokartons übertragen und ausgeschnitten.

Applizieren Sie die kleinen Blumen und Kreise mit Klebstoff in der Anordnung, die aus der Abbildung ersichtlich ist. Mit der Nagelschere werden am oberen Tütenrand für den Kordeldurchzug kreuzweise kleine Löcher gestochen.

Die rote Kordel wird geteilt und zu kleinen Henkeln geknotet. Die blaue und grüne Kordel verschließen die Tüten, indem sie zu einer Schleife gebunden werden.

Die großen Blumen werden einfach mit eingebunden.

Festliche Verpackungen

Klappkarte in Pastell

Material
- Fotokarton in Weiß und Hellblau bzw. Rosé
- 1 kleines Satinschleifchen in Hellrosé bzw. Hellblau
- Satinkordel in Weiß, ca. 30 cm

Anleitung
Die Klappkarte wird ganz einfach nach dem Vorlagebogen aus dem hellblauen oder roséfarbenen Fotokarton gearbeitet und in der Mitte gefalzt. Das Schreibpapier wird mit der in den Kartenfalz gelegten und unten zusammengeknoteten Satinkordel zwischen den Klappseiten gehalten.
Das Kinderwagenmotiv wird aus weißem Fotokarton ausgeschnitten und auf die Karte geklebt. Zum Schluss verzieren Sie den Griff des hellblauen Kinderwagens mit einer roséfarbenen bzw. den Griff des roséfarbenen Kinderwagens mit einer hellblauen kleinen Satinschleife.

Falttasche mit Applikation

Diese Verpackungshülle wird einfach ineinander gefaltet – ohne einen Tropfen Klebstoff – und eignet sich zum Beispiel zum Verschenken von Baby-Kleidung zu Geburt und Taufe.

Material
Roséfarbene Falttasche:
- 1 Bogen Fotokarton in Vichykaro Rosé, 50 x 70 cm
- Fotokarton in Rosé
- Schleifenband, schmal, in Rosé

Apricotfarbene Falttasche:
- 1 Bogen Fotokarton in Vichykaro Apricot, 50 x 70 cm
- Fotokarton in Apricot
- Schleifenband, breit, in Apricot

Anleitung
Sie übertragen den Grundriss vom Vorlagebogen auf den karierten Fotokarton und schneiden ihn aus. Anschließend fahren Sie die gestrichelten Linien mit dem Cutter nach und falten den Karton in seine endgültige Form. An der markierten Stelle schneiden Sie mit der Nagelschere einen Schlitz für die Verschlusslasche ein. Fungiert diese Verschlussseite wie bei der roséfarbenen Falttasche als Oberseite, kleben Sie das Kinderwagenmotiv aus pastellfarbenem Fotokarton mittig über die Verschlusslasche. Verzieren Sie den Kinderwagen mit einem Stück roséfarbenen Schleifenband. Sie können die Verschlusslasche natürlich auch zur Unterseite nehmen und ein Geschenkband verwenden. Fixieren Sie die Kinderwagenapplikation mit etwas Klebstoff einfach an der Schleife.

Kleine, runde Schachtel

Zur Taufe werden traditionell Taufringe oder kleine Armbänder mit der Gravur des Vornamens verschenkt. Diese Dinge passen hervorragend in die kleine, runde Schachtel.

Material

- 1 Reststück Fotokarton in Vichykaro Rosé bzw. Vichykaro Apricot
- 1 kleine Satinrose in Rosé bzw. Apricot

Anleitung

Fertigen Sie die kleine Schachtel nach der Zeichnung auf dem Vorlagebogen aus dem rosé- bzw. apricotfarbenen Fotokarton an, und fahren Sie die Falzkante mit dem Cutter nach. Mit der Nagelschere wird an der vorgesehenen Stelle ein kleiner Schlitz angebracht. Das lange Seitenteil wird vorsichtig rund gebogen, und die kleinen Stege werden an den runden Ober- und Unterteilen mit einem Tupfer Klebstoff befestigt.

Verzieren Sie abschließend das Schächtelchen mit der rosé- bzw. apricotfarbenen Satinrose, die Sie mittig auf den Deckel aufkleben.

Kinderwagen

Das Motiv des Kinderwagens, das auf den Faltschachteln und Karten lediglich als Applikation diente, wird hier als Verpackungsform umgesetzt.

Material

- Fotokarton in Rosé
- Fotokarton in Hellrosé
- 1 Satinschleife in Hellrosé
- Filzstift in Weiß

Anleitung

Übertragen Sie das Motiv zweifach und den passenden Bodengrundriss auf den roséfarbenen Fotokarton und schneiden Sie alle drei Teile aus. Beim Bodenteil werden die gestrichelten Linien mit dem Cutter nachgezogen, und die Klebefalzkanten werden mit der Nagelschere im Abstand von ca. 1 cm quer eingeschnitten.

Dann kleben Sie zunächst ein Kinderwagenteil mit einer Falzkante des Bodenteils zusammen. Beginnen Sie dabei oben am Verdeck, und folgen Sie dann der Rundung des Kinderwagens. Ist der Kleber dieser Seite getrocknet, gehen Sie mit dem zweiten Kinderwagenteil ebenso vor. Schließlich übertragen Sie das kleine Herz vom Vorlagebogen und schneiden es aus dem helleren Fotokarton aus, schreiben mit dem weißen Filzstift den Namen des Kindes darauf und kleben es mit einer kleinen Satinschleife an den Kinderwagengriff. Für einen kleinen Jungen können Sie den Kinderwagen natürlich auch aus blauem und hellblauem Fotokarton sowie einer hellblauen Satinschleife basteln.

Wollen Sie dem Baby zum Beispiel ein kleines Kuscheltier schenken, ist dies sicher eine originelle Verpackung dafür.

Falttasche mit Rosenranken

Diese schlichte Verpackung wird durch die Rosenranke zu einem ganz edlen Objekt. Die Ranke selbst kann später sogar noch vielseitig als Dekoration dienen.

Material
für die Faltschachtel:
- Fotokarton in Weiß, 50 x 70 cm

für die Rosenranke:
- Wickeldraht in Gold, ca. 5 m
- Seidenpapier in Weiß
- Fotokarton in Gold
- Locher

Anleitung

Übertragen Sie den Grundriss vom Vorlagebogen auf den weißen Fotokarton, schneiden ihn aus und fahren die gestrichelten Linien mit dem Cutter nach. Jetzt kann der Karton bereits in seine endgültige Form gefaltet werden. An der markierten Stelle schneiden Sie mit der Nagelschere einen Schlitz für die Lasche des Verschlusses an.

Bei der Rosenranke beginnen Sie am besten mit den Blätterpaaren. Schneiden Sie sie nach dem Vorlagebogen in gewünschter Anzahl aus dem goldenen Fotokarton aus, und lochen Sie den Steg in der Mitte. Die gestrichelten Linien werden mit dem Cutter nachgezeichnet.

Für je eine Rose falten Sie ein ca. 15 x 15 cm großes Stück weißes Seidenpapier einmal in der Mitte zu einem Rechteck von ca. 15 x 7,5 cm Größe. Dieses falten Sie noch einmal längs in der Mitte, sodass ein 4-lagiger Streifen entsteht. Halten Sie das eine kurze Ende zwischen Daumen und Zeigefinger der einen Hand und drehen es langsam, während Sie mit der anderen Hand kleine Falten einlegen. Ist der Streifen aufgerollt, drücken Sie die einzelnen Lagen oben etwas auseinander, damit eine schöne Blüte entsteht. Dann wird der „Stielansatz" der Blüte zuerst in das Loch des Blätterpaares gesteckt und schließlich mit dem Draht umwickelt. Der Abstand zwischen den Blüten sollte ca. 15 cm betragen. Anschließend legen Sie den Draht so über die Verpackung, dass die Blüten gut verteilt auf der Oberseite der Faltschachtel liegen. Die restlichen Meter Draht werden kreuz und quer um die Verpackung gewickelt. Das Drahtende zwirbeln Sie zum Schluss einfach auf der Rückseite um einen anderen Draht.

Die passende Klappkarte ist ganz schnell gemacht.

Klappkarte mit Rose

Material
- Fotokarton in Weiß und Gold
- Wickeldraht in Gold
- Seidenpapier in Weiß, 15 x 15 cm
- Heißkleber
- Locher

Anleitung

Sie fertigen die Klappkarte nach dem Vorlagebogen aus weißem Fotokarton an, falten diesen in der Mitte und lochen die Karte oben links in der Ecke. Durch das Loch wird etwas Golddraht gezogen. So können Sie die Karte direkt am Geschenk befestigen. Das Blätterpaar wird wie bei der Falttasche beschrieben ausgeschnitten. Dann kleben Sie es diagonal auf die Karte. Die Rose fertigen Sie ebenfalls nach der Beschreibung zur Falttasche. Umwickeln Sie dann den „Stielansatz" der Blüte mit ein wenig Wickeldraht und befestigen sie mit Heißkleber auf der Mitte des Blätterpaares.

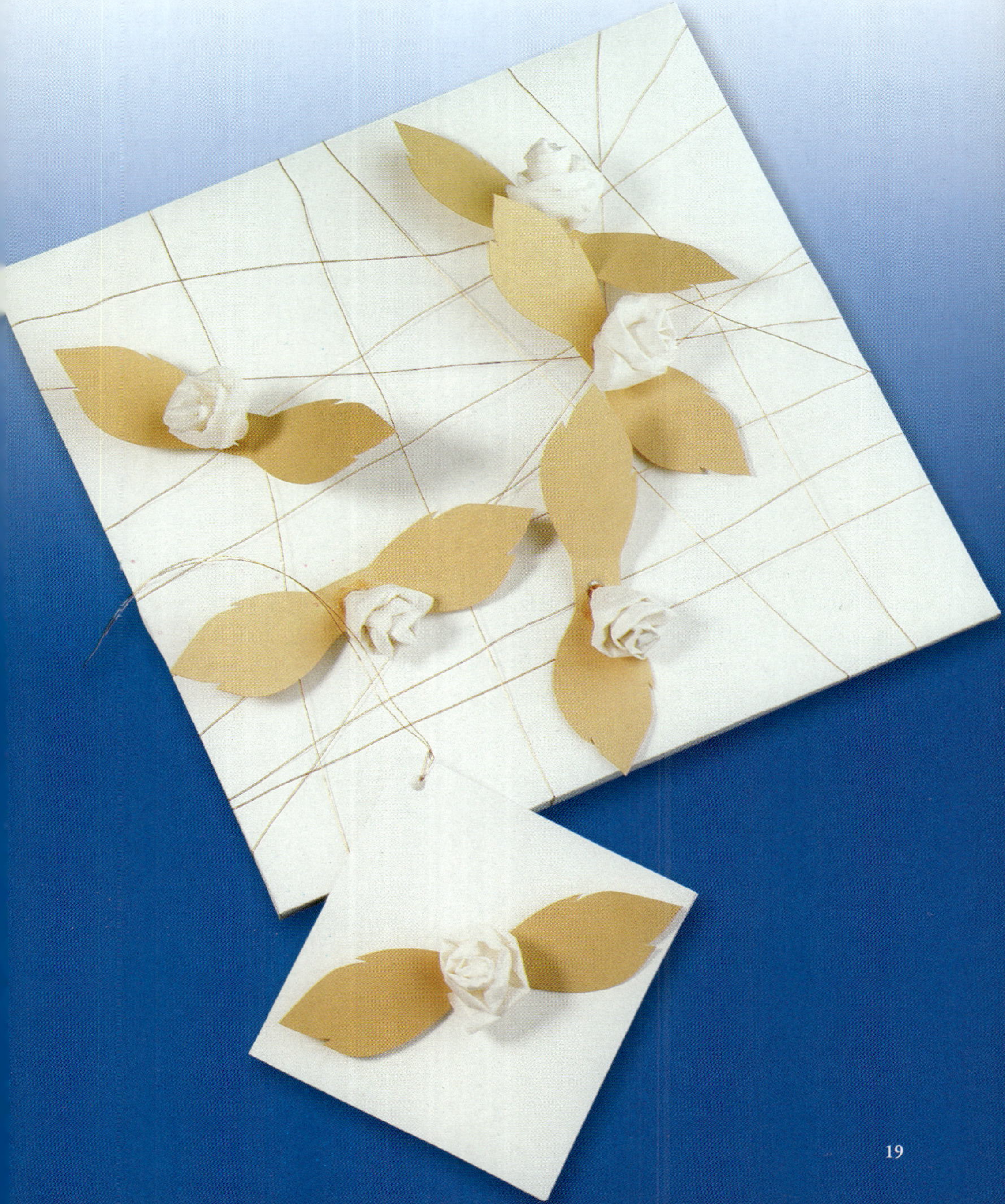

Spitztüten

Diese Bonbontüten sind zum Beispiel als zusätzliche Aufmerksamkeit zu einem größeren Geschenk gedacht, auf das sie einfach aufgebunden werden können.

Material

Geflügelte Tüte:

- Fotokarton in Weiß und Gold
- Seidenpapier in Weiß, ca. 30 x 24 cm
- Geschenkband in Gold, ca. 50 cm
- Satinband in Weiß, ca. 50 cm
- Gummibänder

Tüte mit Federn:

- Fotokarton in Weiß
- Marabufedern vom Meter, ca. 50 cm
- Seidenpapier in Weiß, ca. 30 x 24 cm
- Satinband in Weiß, ca. 50 cm
- Gummibänder

Anleitung

Übertragen Sie die Grundform vom Vorlagebogen auf den Fotokarton und schneiden sie aus.

Dann biegen Sie die Tüten vorsichtig in Form. Kleben Sie sie am Rand übereinanderlappend zusammen. Bis der Klebstoff getrocknet ist, werden sie am besten mit Gummibändern fixiert.

Dann wird jede Tüte für die Aufhängung am oberen Rand gelocht. Der Verzierung sind im Grunde keine Grenzen gesetzt. Ein paar Möglichkeiten sind hier aufgezeigt.

Geflügelte Tüte

Wickeln Sie schmales, goldfarbenes Geschenkband spiralförmig um den Tütenkorpus und befestigen es mit ein wenig Klebstoff. Geradezu himmlisch mutet die Tüte mit einem Paar Engelsflügeln aus goldenem Tonkarton an. Die Konturen finden Sie auf dem Vorlagebogen.

Tüte mit Federn

Kleben Sie die Marabufedernschnur in zwei Streifen um die Tüte, einen Streifen etwa in der Mitte, den anderen kurz unterhalb der Tütenöffnung.

Zum Schluss erhalten die Tüten eine Krause aus doppelt gelegtem weißem Seidenpapier, die von innen an den oberen Tütenrand geklebt und mit einem Stückchen weißen Satinbands verschlossen wird.

Sechseck-Schachteln

Diese Schachteln haben eine ausgefallene Form und sind doch verblüffend einfach aus einem Stück gefertigt! Lediglich die kleinen Engelsflügel bzw. die Blume sind appliziert.

Material

Schachtel mit Engel:

- Fotokarton in Gold
- Geschenkband in Gold, ca. 1 m
- Engelanhänger

Schachtel mit Blume:

- Fotokarton in Rosa, Lila und Hellrosa

Anleitung

Übertragen Sie den Grundriss der Schachtel vom Vorlagebogen auf den Tonkarton (Schachtel mit Blume: rosafarbener Tonkarton), und schneiden Sie sie aus. Fahren Sie die gestrichelten Linien mit dem Cutter entlang, und falten Sie die Schachtel in ihre endgültige Form. Die markierten Falzkanten werden am Boden festgeklebt.

Schachtel mit Engel

Die Konturen der Engelsflügel werden sechsfach auf den goldenen Fotokarton

übertragen und ausgeschnitten. Fahren Sie auch hier die gestrichelten Linien mit dem Cutter entlang und klappen die Flügelhälften ein wenig nach vorn. Dadurch wirken die Flügelpaare plastischer.
Schließlich werden sie punktuell an die sechs Seitenkanten geklebt.
Zwischen den Falzkanten der Flügelpaare wird dann das Geschenkband jeweils über Kreuz geführt und auf der Oberseite verknotet.
Dieses Schächtelchen eignet sich hervorragend, um Schmuck darin zu verschenken.

Schachtel mit Blume

Übertragen Sie die Blumenform vom Vorlagebogen auf den Fotokarton. Die untere, größere Blumenlage wird dabei aus lilafarbenem Fotokarton ausgeschnitten, die obere, kleinere Lage aus hellrosafarbenem. Die Blütenmitte wird kreisförmig aus rosafarbenem Fotokarton zugeschnitten. Kleben Sie nun die untere Blumenlage mittig auf die Schachtel, gefolgt von der oberen Lage und der Blütenmitte.

Kunterbunte Verpackungen für Kinder

Gelbe Entenküken

Die Vorbilder dieser kleinen Entenschar sind unverkennbar die gelben Quietscheentchen für die Badewanne. Wasserdicht sind diese hier natürlich nicht, dafür können sie eine Menge Süßigkeiten für eine ganze Geschwisterschar in ihren Bäuchen beherbergen.

Material

- Fotokarton in Gelb, Hellblau, Orange und Weiß
- Federn in Gelb

Anleitung

Schneiden Sie jeweils die zwei Seitenteile

und das entsprechende Bodenteil nach dem Vorlagebogen aus. Die gestrichelte Linie des Bodenteils wird mit dem Cutter nachgefahren, die gestrichelten Linien der Küken jedoch nicht. Hier dienen diese Linien lediglich als Markierungen für Schnabel und Füße, die aus orangefarbenem Fotokarton separat gefertigt und dann aufgeklebt werden.

Auch die Augen und Flügel werden separat aus weißem bzw. hellblauem Fotokarton gefertigt und an den entsprechenden Stellen aufgeklebt. Die Federn werden an das Schwanzende geklebt.

Die Klebefalzkanten des Bodenteils schneiden Sie mit der Nagelschere quer mit einem Abstand von ca. 1 cm ein. Dann kleben Sie den Boden zunächst an ein Seitenteil. Platzieren Sie ihn entlang der unteren Rundung der Ente. Nachdem der Klebstoff getrocknet ist, verfahren Sie mit dem zweiten Teil ebenso.

Prismen

Diese ausergewöhnlichen Verpackungen eignen sich zum Beispiel zum verschenken von Malstiften.

Material

Prisma mit Streifen und Punkten:

- Fotokarton in Blau-weiß gestreift und gepunktet
- 2 Pompons in Rot
- Krepppapier in Blau, 2 x ca. 25 x 20 cm
- Sisalkordel in Rot

Krokodilprisma:

- Fotokarton in Lila und Hellgrün
- Filzstift in Weiß
- Krepppapier in Hellgrün, 2 x ca. 25 x 20 cm
- Schleifenband in Grün-weiß kariert

Anleitung

Prisma mit Streifen und Punkten

Der Grundriss der Verpackung wird auf den gestreiften Fotokarton übertragen. Achten Sie darauf, dass die Streifen quer verlaufen. Ziehen Sie die gestrichelten Linien mit dem Cutter nach, falten Sie die Verpackung, und kleben Sie den gekennzeichneten Falz an der entsprechenden Seite fest.

Dann werden die Dreiecke vom Vorlagebogen auf den gepunkteten Karton übertragen und ausgeschnitten. Jeweils zwei Stück pro Seite, also vier Stück insgesamt, denn die dritte Seite dient als Unterseite. Kleben Sie die Dreiecke bündig an die Außenkanten. Wo die Spitzen in der Mitte

zusammentreffen, wird je ein Pompon aufgeklebt.
Die Krepppapierkrausen werden der Länge nach mittig gefaltet, sodass das Papier doppelt liegt. Dann wird die Krause rechts und links von innen an die offenen Kanten geklebt und mit Sisalkordel zugebunden.

Krokodilprisma

Übertragen Sie den Grundriss vom Vorlagebogen auf den lila Fotokarton. Die gestrichelten Linien werden mit dem Cutter nachgezogen und dann die Verpackung gefaltet. Kleben Sie den gekennzeichneten Falz an der entsprechenden Seite fest.
Dann übertragen Sie das Krokodil vom Vorlagebogen auf den hellgrünen Fotokarton, kleben die Einzelteile auf eine Seite des Prismas und malen ihm mit dem weißen Filzstift Augen und spitze Zähne.
Die hellgrünen Krepppapierkrausen werden der Länge nach mittig gefaltet, sodass das Papier doppelt liegt. Dann wird die Krause rechts und links von innen an die offenen Kanten geklebt und mit dem Schleifenband zugebunden.

Krokodil

Dieses Tier hat zwar teilweise bewegliche Glieder, trotzdem ist es ganz bestimmt nicht so gefährlich wie sein Artgenosse im Dschungel – erst recht nicht, wenn es mit Süßem gefüttert wird.

Material
- Fotokarton in Hellgrün, Weiß und Grau
- Filzstift in Weiß
- 4 Beutelklammern

Anleitung
Zuerst übertragen Sie alle Teile vom Vorlagebogen in der angegebenen Anzahl auf grünen Fotokarton. Dann fertigen Sie den Korpus aus dem Boden und den zwei Seitenteilen, indem Sie die Klebefalzkanten des Bodenteils mit der Nagelschere quer mit einem Abstand von ca. 1 cm einschneiden. Dann kleben Sie den Boden zunächst an ein Seitenteil. Platzieren Sie ihn entlang der unteren Rundung des Krokodils. Nachdem der Klebstoff getrocknet ist, verfahren Sie mit dem zweiten Teil ebenso.
An den Korpus kleben Sie die Beine, wobei darauf zu achten ist, dass diese auf der gleichen Höhe sitzen. Nun wird der Kopf ausgearbeitet. Aus weißem und grauem Fotokarton werden die Augen ausgeschnitten und mit dem weißen Filzstift die Zähne aufgemalt.
Schließlich schneiden Sie mit der Nagelschere Korpus, Kopf und Schwanz an den markierten Stellen kreuzweise ein und montieren alle Teile mit Hilfe der Beutelklammern.
Dieses Krokodil hat noch einen kleinen Bruder auf einem Prisma.

Sechseckiger Topf

Dieser lustige Topf ist als Bonboniere gedacht. Man kann die Krepppapierkrause aber auch weglassen. Stattdessen kann er mit Klarsichtfolie ausgeschlagen auch als Übertopf für eine kleine Topfblume verwendet werden. Er wird bis zum Rand mit roter Kordel zugebunden.

Material

- Fotokarton in Blau-weiß gestreift und Blau-weiß gepunktet
- 6 Pompons in Rot
- Krepppapier in Blau, ca. 45 x 30 cm
- Sisalkordel in Rot, ca. 50 cm

Anleitung

Übertragen Sie die Form des Topfes vom Vorlagebogen auf den gestreiften Fotokarton. Die gestrichelten Linien werden mit dem Cutter nachgezogen. Dann wird der Topf in Form gefaltet und an den Falzkanten geklebt. Aus dem gepunkteten Fotokarton schneiden Sie das Dreieck vom Vorlagebogen sechsfach aus und kleben jeweils eines bündig an den oberen Rand einer Topfseite.
An die untere Spitze der Dreiecke wird jeweils ein roter Pompon geklebt. Schließlich wird das Krepppapier einmal der Länge nach gefaltet, sodass es doppelt liegt, und von innen an den oberen Topfrand geklebt.
Nachdem der Topf mit Leckereien gefüllt ist, wird die Krause einfach mit roter Kordel zugebunden.

Pyramide

Auch wenn es auf den ersten Blick nicht so aussieht – diese Verpackung in Pyramidenform ist ruckzuck aus einem Stück gefertigt!

Material

- 1 Bogen Fotokarton in Rot-weiß gestreift, 50 x 70 cm
- Fotokarton in Blau

Anleitung

Der Grundriss der Pyramidenform wird zunächst auf den gestreiften Tonkarton übertragen. Achten Sie auf den Verlauf der Streifen: Wenn Sie das mittlere Streifendreieck so ausrichten, dass die Streifen genau quer verlaufen, haben Sie auf den anderen beiden Seiten genau diagonal zueinander laufende Streifen. Das erzeugt optisch einen zusätzlichen, interessanten Effekt.

Schneiden Sie die Form aus, und fahren Sie die gestrichelten Linien mit dem Cutter nach. Die Öffnung für die Verschlusslasche wird am besten vorsichtig mit der Nagelschere eingeschnitten.

Falten Sie nun den Fotokarton in Form, und kleben Sie die markierte Falzkante am Boden fest.

Das Vögelchen und die großen einfarbigen Punkte für die Einfluglöcher werden schließlich ebenfalls auf den farbigen Fotokarton übertragen und in zweifacher (Vogel) bzw. dreifacher (Einfluglöcher) Ausführung ausgeschnitten. Die Augen und den Schnabel fertigen Sie aus den weißen Flächen des gestreiften Fotokartons.

Der Vogel wird am Korpus gegengleich zusammen geklebt und dann mit gegrätschten Beinen jeweils an den Kanten der Pyramide angeklebt. Zuletzt platzieren Sie die Einfluglöcher rundum auf einer Höhe jeweils mittig. Verpacken Sie ein Tütchen Pralinen oder Gebäck in dieser ausgefallenen Form, und schon haben Sie aus einem kleinen Mitbringsel etwas Besonderes gemacht.

ENGLISCH VERLAG

kreativ

ISBN 3-8241-0960-3
Broschur, 64 Seiten

ISBN 3-8241-0937-9
Broschur, 64 S., Vorlageb.

ISBN 3-8241-1104-7
Broschur, 64 Seiten

ISBN 3-8241-1010-5
Broschur, 32 S., Vorlageb.

ISBN 3-8241-0918-2
Broschur, 64 S., Vorlageb.

ISBN 3-8241-1050-4
Broschur, 32 S., Vorlageb.

Lust auf Mehr?

Liebe Leserin, lieber Leser,
natürlich haben wir noch viele andere Bücher im Programm.
Gerne senden wir Ihnen unser Gesamtverzeichnis zu.
Auch auf Ihre Anregungen und Vorschläge sind wir gespannt.
Rufen Sie uns einfach an oder schreiben Sie uns.

Englisch Verlag GmbH
Postfach 2309 · 65013 Wiesbaden
Telefon 0611/9 42 72-0 · Telefax 0611/9 42 72 30
E-Mail info@englisch-verlag.de
Internet http://www.englisch-verlag.de